メンタリスト
DaiGoの

幸せを
つかむ
言葉

逃げるな。

やるべきことは目の前にある。

まえがき

　本書を手にとっていただきありがとうございます。メンタリストのDaiGoです。

　この本は23万人以上の方から支持をしていただいている私のツイッターから、何気ない日常にかくれた本当に大切なものに気づくための言葉をまとめた1冊です。『メンタリストDaiGoの心を強くする300の言葉』の続編にあたりますが、前作には書いていない言葉のみを厳選しましたので、前作を読んでいただいた方にも、そうでない方にも楽しんでいただけると思います。

　この本は通常の書籍とは異なり、パラパラとページをめくっていき、ピンときたり手が止まったところを読むだけで、あなたにもっとも必要な言葉が見つかるようになっています。

　これは、必要な情報や興味がある情報を無意識に集めるカラーバス効果という心理効果を利用しています。奥さんが妊娠すると電車の中で妊婦をたくさん見かけるようになったり、ブランドものを買うと、同じブランドの商品を持っている人を多く見かけるようになるのはこの効果によるものです。ですから、パラパラとページをめくるだけで、無意識が

今のあなたに必要な言葉を見つけてくれるはずです。

　一度読んで終わりにするのではなく、壁にぶつかったとき、くじけそうになったとき、挑戦する勇気がほしくなったときなど、直感が求めたときは、いつでも何度でもこの本を開いてみてください。読み返す度に、前には気にもとめなかった、あなたに必要な言葉が見つかるはずです。

　また、私の愛猫である茶トラの「ぬこ様」が本のところどころに登場します。**子猫の写真があるだけで生産性が44%上がるという研究もありますから、ぬこ様はきっとあなたの力になるはずです。**

　あとがきでは、ちょうどこのまえがきを書いているときに天国へ行った、ぬこ様の先輩猫の「マロ」のお話をさせてください。15歳まで必死に生きて、言葉では伝えられない大切なことを私に教えてくれたマロの話を。それではまたあとがきでお会いしましょう。

メンタリスト DaiGo

行動

第1章

act
01 > 71

act 01

あなたの人生を台無しにしてしまう敵の中でも、もっとも恐ろしいのは先延ばしグセだ。

先延ばしはあなたから成功のチャンスを奪い、
楽しみを奪い、自己嫌悪感と無力感を植えつける。
何かを成し遂げたいとき、あなたの前に立ちふさがる敵は
先延ばしをする自分自身なのだ。
自分と戦うというのはそういうことだ。

act 02

どんな状況でも行動しないのは常に間違いだ。

結果的に行動が間違ってしまうこともあるが、
必ず貴重な経験が得られる。
しかし、行動しなければ何も得られず、
あなたの心に残るのは無力感だけだ。
チャンスを待つ場合もただ待つのではなく、
チャンスをものにするために
爪を研ぐという行動をしよう。

act 03 ―――

すぐに行動するための唯一の方法は、頭を使わず、意識しなくてもとりかかれることからとりかかることだ。

結局のところ、行動する前にあれこれ考える人は、
いつになっても行動できない。
最初からあれこれ考えなければできないことを
しようとすれば挫折する。
まずは意識せずにとりかかるクセをつけよう。

act 04 ―――

成功する人は自分でできることから始める。成功しない人はできもしないことから始めようとする。

できることをこつこつ続けていけば、
そのうち物足りなくなってきて、
いつもよりちょっと上を求めるようになる。
こうなればもう成功したようなものだ。
その向上心はあなたを成功まで導いてくれるだろう。

act 05

努力している人は常に夢を語り、怠けている人は愚痴ばかり言う。

努力している人は、常に前に進んでいる実感を
持っているために、未来に希望を見出すことができる。
怠けている人は、自分が一向に進歩しないことに
耐えきれず、努力不足を他人のせいにして愚痴ばかり言う。
夢を語る人とともに生きよう。

act 06

何かに泥を投げつけようとしたら、相手にそれが当たらなかったとしてもあなたの手は確実に汚れてしまう。

他人への誹謗中傷も同じで、
ほとんどの場合、あなたの心を汚す結果にしかならない。
自分の心をクリアに保つコツは、没頭できることを見つけて、
他人が気にならなくなるほど自分の人生に熱中することだ。

act 07

人に好かれようとするよりも、人を好きになる努力をしよう。

誰からも好かれようとすれば、
本当の自分を殺すことになってストレスが増える。
人を好きになろうとすれば、
誰に対してもいい面に目を向けようとすることになるので、
ポジティブで良い人間関係が自然につくれるようになる。

act 08 ───

決して倒れない人に なろうとするよりも、 必ず起き上がることができる 人になろう。

決して倒れない完璧な人間になろうとすれば、
いつも倒れる恐怖と戦って生きなければいけないから
臆病になってしまう。
しかし、必ず起き上がる人間になろうとすれば、
何も恐れず行動できる人間になれる。

act 09

成功できないのは、成功するまで続けることができないからだ。

多くの人は何かを始めることすらできないが、
かろうじて始めることができたとしても、
それが本当にうまくいくのかわからないという不安が
継続を断念させる。
足りないのは能力ではなく、忍耐強さなのだ。

act 10 ─────

いかに大きな目標を達成するかよりも、
いかに長く続けることができるかを考えよう。
明日のあなたは、今日のあなたとさほど違いはないだろう。
ただし努力を続ければ、3年後のあなたは今のあなたとは
まったくの別人になることができる。

自分を変えるための唯一確実な方法は、焦らず毎日続けることだ。

act 11 ─────

自分ができないことに挑戦し続けよう。そうすればいつかできるようになる。

自分のできることしかしていない人は、
そのうち毎日同じことの繰り返しに飽き飽きしてきて
やりがいを感じなくなる上に、
新しいことをするための勇気がすっかりなくなってしまう。
一日1つ、できないことに手を出してみよう。

act 12 ―

失敗を引きずってしまいそうになったら、どうすればその失敗を笑い話に変えられるかを考えよう。

どうすれば笑えるかを考えることで、
失敗を受け入れることができるようになる。
そして、人は失敗を受け入れることではじめて、
そこから素直に学びを得ることができる。
ユーモアは学びの一番の親友なのだ。

act 13 ―

何かをしなくてはいけないなら、楽しんでやってみよう。
どうせやるなら楽しんだほうがいいし、楽しもうと思うと、
今まで気がつかなかった意外な楽しみや
画期的なアイデアに気がつくはずだ。

成功する人が何事も楽しんでいるのはこのためだ。

act 14

誰かに
傷つけられたのではない、
自分が勝手に傷ついたのだ。
やりたいことに一点集中している人は
常に自信に満ちあふれていて心が強く、
傷つく暇すら惜しんで
自分の人生に打ち込んでいる。
傷つくのは人のせいではなく、
自分が自分の人生に
打ち込めていないからなのだ。
そう考えればあなたはもっと強くなれる。

act 15

今日は無駄に意見することをやめてみよう。

あなたにとって本当に大切なこと以外は、そもそも考える必要もないし、その時間も労力ももったいない。

だから自分にとって大切なものがわかっている人は
余計なことに口も出さないし考えもしない。
大切なこと以外どうでもいいということを知ろう。

act 16

ただ他人を批判しているだけで自分を高めることをしない人間は、存在しないのと変わらない。

社会に注目されるだけの存在感すらないから、
何を言っても相手にされない。
だから好き放題発言できるわけだ。
あなたはこんな人を相手にする必要はない。
存在しないものは無視して自分のことに集中しよう。

act 17

本当に大切なことに集中したいなら、ちょっといいなと思うけれどそこまで大切でないものを容赦なく捨て去る勇気が必要だ。

昔も今も変わらず本当に大切なものはわずかしかないが、
現代は「ちょっといいもの」であふれていて、
大切なものが見えにくくなっている。
手放す勇気が人生を価値あるものにしてくれる。

act 18

不安や恐怖に襲われるのは、目標から目をそらしているからだ。

目標に向かってひたすら進んでいる人には、
不安や恐怖を感じる余裕はない。
しかし、目標から目をそらした途端に、
自分が何のために生きているのか、
このままで大丈夫なのかと答えのない不安に襲われる。
目標だけを見つめてまっすぐ進もう。

act 19

自分に負けそうに
なったときには、
姿勢を正してみよう。

姿勢が悪く猫背になると、横隔膜の動きが悪くなり、
呼吸が浅くなって脳に十分な酸素がいき渡らなくなる。
だから自制心が低下してしまうのだ。
あなたの脳が持っている力を最大限に引き出すために、
今日は姿勢を良くすることを心がけてみよう。

act 20

ストレスを避けようと逃げている人ほど、
気が滅入りやすく、
うつになりやすいことがわかっている。

立ち向かおう。
立ち向かえば勇気を出した自分を誇れるし、
うまくいけばストレスの原因を消し去ることができる。
逃げても残るのは
いつかまたストレスに襲われる恐怖感だけだ。

act 21

不快さをすぐに消したいなら、
一刻も早くそれにとりかかることだ。

たとえあなたが問題から目をそらしたとしても、
あなたの脳はその問題についてあれこれ考えて
答えを見つけようと必死になっている。
問題を放置するほどあなたは無意識に消耗されてしまうのだ。
面倒なことほど朝にとっととやってしまおう。

act 22

他人の問題に首を突っ込む暇があるなら、自分の人生における重要な問題に手をつけよう。

自分の問題に手をつける勇気がない人間ほど、
自分とは何の関係もない芸能ゴシップなどが大好きで、
関係者気どりで批評したがる。
そんな自分の現実に向き合う勇気もない、
みっともない人間にはならないでほしい。

act 23

小さなことにこだわるのをやめよう。

小さなことやどうでもいいことにこだわるには、
人生は短すぎる。
嫌いな人や苦手な人について悩みすぎるのも同じだ。
あなたの人生にとって大切なこと以外は
無視する力を身につけよう。
そうすれば、あなたは今よりもっと
自分の人生を生きることができる。

act 24

大したことをしていない人ほど、
他人を批判することを好む。
何も成し遂げていない惨めな自分を
なぐさめるために、優れた人を批判する。
あなたが批判されたのなら、
代わりに私がはっきり言おう。
「言いたいことがあるなら、
何か成し遂げてから言え、
何も成し遂げていない
批判するだけの人間は
存在していないのと同じだ」と。

act 25 ───

自分を殺して周囲に合わせて
人間関係がうまくいくと思っているなら、
それは単なる幻想にすぎない。

人付き合いが苦しくなるのは、
表面的な人間関係に
必死にしがみつこうとしているからだ。

勇気を出して、自分をいかす人付き合いをしてみよう。
無理に周囲に合わせないほうが、あなたは魅力的になるはずだ。

act 26 ───

あなたの顔は、
付き合っている人たちにだんだん似てくる。

無意識に相手の表情を真似て、
同じ筋肉を使おうとするからだ。
素敵な友達がいる人が、いい顔をしているのはこのため。

act 27 ──────────

成功者をけなして、自分のほうが上だと
自己満足に浸っている人間には近づかないようにしよう。
なぜなら、彼らはあなたが努力して成功したときにも、
あなたを妬み、陰であなたをけなすようになるからだ。

他人の成功を
素直に喜ぶことができないような、
嫉妬深く器の小さい人間とは、
付き合う価値はない。

act 28 ──────────

人は性格よりも行動で決まる。

相手と付き合うかどうか考えるとき、
見るべきは相手の行動だ。
相手がどんなに良い職業でも、
一見性格が良さそうに見えても、
その行動がしっくりこなければやめておいたほうがいい。
こういう相手と付き合うと後で必ず後悔する。

act 29

自分を卑下するのをやめよう。
自分を相手より
下に見せることで、
その場をしのいで
対立を避けようとする
人がいるが、
これは敗者の行動だ。

そうやって自分を卑下して、下ばかり向いていると、
そのうち上を向くことも前を向くこともできなくなってしまう。
卑下したことで失うものを考えてみよう。

act 30

愚かな人は、
自分を良く見せようと
無駄な努力を重ね、
それを他人にひけらかし、
最終的には
他人を馬鹿にすることで
自己満足を得ようとする。

こういう相手とは我慢して付き合ったとしても
得るものは何もない。
聞かされるのは自慢話と他人への悪口だけだ。
とっとと見切りをつける勇気を持とう。

act 31 ―――

もっと勉強しておけば良かった、というのは怠け者の言い訳だ。
そう思うなら今すぐ勉強すればいい。
現在に対する不満を過去の自分の行動のせいにすることで、
目の前の問題や努力から逃げているだけだ。

何かを始めるのに遅いことなどない。
こうしておけば良かったと思うなら
今すぐ始めよう。

act 32 ―――

行動しすぎてダメになるより、
行動せずにダメになるほうが圧倒的に多い。
人は行動できなかった過去を正当化して、
行動しないことにどんどん慣れていってしまう。
行動しすぎて疲れたら休めばいいのだ。

最初から疲れないように
行動しないことを選択するような
人間にならないようにしよう。

act 33 ─────────

何となく集中できず、
物事がうまくいかないのは、
あなたの心に迷いがあるからだ。
迷いはあなたの貴重な時間と
思考力を奪い去る敵だ。

この敵を撃退するには、
日々の選択をシンプルにして迷いを打ち砕くことだ。
迷うことをやめた人間は強い。
あなたも強くなろう。前に進むために。

act 34 ─────────

チャンスを逃さないように
即断即決をしよう。

さもないと、
あなたの人生における選択肢はどんどん少なくなり、
お世辞にもいいとは言えない選択肢に
しがみつかなくてはいけなくなる。
チャンスに手を伸ばすクセをつけて、
だらだらと毎日を過ごし、妥協と後悔を繰り返す人生は
今日で終わりにしよう。

act 35

付き合いが悪いと言われても気にしないことだ。

どうしても行きたい、
何が何でも会いたいと思うような
相手でなければ会う意味はなく、
それは単なる暇つぶしだ。
そんな暇つぶしの関係を友達とは言わない。
誘われて行こうか迷うくらいならば、
本当に会いたい相手を自分から誘うことだ。

act 36

**疲れたら休むのではなく、
疲れる前に休むようにしよう。**

疲れきってしまうと、
人は誘惑に負けやすくなって
とり返しのつかないことをしてしまう。
そして失ったものをとり返そうと必死になり、
また疲れきってしまい、
誘惑に負けるということを繰り返してしまう。

あなたには休息が必要だ。

act 37

他人に怒りを感じたら、それに対抗するよりも、相手の心理を分析するようにしよう。

冷静に分析すれば、怒りは自然におさまる上に
同じような出来事があっても動じなくなる。
他人の言動にイライラして、
貴重なあなたの時間を無駄にすることはない。

act 38

自分の権威を振りかざすのは自信がないからだ。自分を特別扱いしてほしいという貧弱な気持ちのあらわれである。

そんなことをされたなら「裸の王様」のように
見せかけの特別扱いをしてあげればいいだろう。
本物の好意を見抜く目を持っていない人はそれだけで喜ぶので、
あなたの貴重な人生を無駄にしなくて済む。

act 39

短所に目をつぶり、
長所に目を向けて伸ばすことが
人を育てる最良の方法だ。
これは他人に対してだけではなく、
あなた自身に対しても行うべきだ。

自分の短所にいちいち落ち込んでいては
人生がつまらなくなってしまう。
自分の長所に目を向けて伸ばし、
自分を大切にすればもっと自分が好きになれるはずだ。

act 40

疲れているときに他人の評価をしないことだ。
疲れているときはネガティブかつ感情的になるため、
怒りや憎しみ、悲しみなどの負の感情があなたの目を曇らせ、
間違った判断と行動をしやすくなってしまう。

かけがえのない友人や
仕事を失いたくないのなら、
疲れているときは
他人の評価をしないことだ。

act 41

忙しいのではなく、混乱しているだけだと考えよう。

忙しいと思うと、
新しいことに挑戦したり、横道にそれて
思いもよらないアイデアを見つけることが
難しくなる。
あなたがやりたいことがなかなかできないのは、
忙しいからではなく混乱しているからなのだ。
行動を整理すれば、あなたはもっと挑戦できる。

act 42

成功したいならシンプルに考えよう。

成功する人は物事をシンプルにしようとし、失敗する人は物事を複雑化しようとする。

考えるということは
実行しやすい形に自分のやるべきことを単純化することだ。
実際に人ができることは限られているのだから。

act 43

迷ったら文字にして考えよう。
書き出して文字にしてしまうと、
脳の違う部分が活性化されて冷静に的確な解決策が見つかる。

不安を引きずってしまう人とそうでない人の違いは、不安を感じやすいか否かということではなく、不安をうまく処理するコツを知っているかどうかだけの問題なのだ。

act 44

成功する人は、どんなことにもチャンスを見出そうとする。
成功しない人は、どんなチャンスにも問題点を探そうとする。
それは失敗を恐れるあまり、
ただただ行動しなくて済む言い訳を探しているにすぎない。

行動しない理由を
あれこれ考え始めたら、
それは言い訳探しではないかと
自分を疑ってみることだ。

act 45

先を読みすぎてはいけない。
あまり先を読みすぎれば、
予測不可能なことがどんどん増えていき、
恐ろしくなって今動くことすらできなくなる。
先を読むことは大切だが、
それは最適な行動をとるためにあるのだ。

目の前のことに集中するために、先読みはほどほどにしておこう。

act 46

他人に話すと理解が深まるのは、
思いもよらない質問がきて、
新たな視点から見直すことができるようになるからだ。
コミュニケーションをとろうとしない人の知識が偏っていたり、
深みが感じられないのはこのためだ。

だから、知っていることは出し惜しみせずに他人に話そう。

act 47

結局のところ、議論で最後に勝つのは相手の話をよく聞いている側だ。

自分の言いたいことだけに注目している側は、
相手の話をよく聞き分析を深めている側に必ず論破される。
否定的な意見であったとしても、
冷静に相手をじっと観察して聞く。
これが議論に勝つ秘訣だ。

act 48

相手を説得するときに正論を振りかざしても時間の無駄だ。

あなたと合わない相手に対しては特にそうだ。
こういう相手を説得したいなら、
常に相手の利益は何かについて話さなければならない。
これは利己的な相手に対しては非常に効果が高い。
正論が通じるのは自分の頭の中だけだと覚えておこう。

act **49**

人間の本当の力は、
追いつめられたときにこそ
発揮される。

あなたがもし窮地に立たされているなら、
それはチャンスだ。
今こそ本当の力を発揮するときだ。
そしてピンチをのり越える度に、
あなたの限界値はさらに上に上にと
更新されていき、
次のピンチのときには
さらなる力を発揮できるはずだ。

act 50 ─────────

人の心をつかむものが、
最終的にはすべてを手にすることができる。

お金や名声ばかりを求めて、
人の心をつかむことをおろそかにすれば、
必ず足をすくわれる。
だから常に相手の感情は注意深く観察しよう。
味方にして心強い人はわずかだが、
敵にすればたいていの人は厄介な相手になってしまうのだから。

act 51 ─────────

つながりを求めるより、求められる存在になろう。

誰を知っているかよりも、
誰に知られているかのほうがずっと重要だ。

著名人との写真や名刺を見せびらかすような
みっともない真似をするのはやめて、
自分を磨くことに専念すべきだ。

そうすれば人脈なんて後からついてくる。

act 52 ───────────────

個性はものではなく経験によってつくられる。
どんなにいいものを身につけたとしても、
それは他人がつくったもので、
本当の意味であなたのものではない。

あなたの本当の個性とは、経験や知識を通して身につけた知恵のことだ。

多くを経験し、多くを学ぼう。
それだけが個性的になる唯一の方法だ。

act 53 ───────────────

他人からの評価を求めるのをやめよう。

もちろん評価されることが悪いということではないが、
評価されることを求めて行動するのはやめたほうがいい。
他人の期待や評価によって
あなたの本当にやりたいことが見えなくなってしまう。

価値あることをすれば、評価は後からついてくる。

act 54

大切な人への最高の贈り物とは、
その人の強みに
気づかせてあげることだ。

自分自身を
客観的に見ることは難しく、
本当はもっと強みを発揮できる場所が
あるにもかかわらず、
取るに足らない眼前のことに
執着してしまうことがある。
その思い込みから解き放ってあげることは、
最高の贈り物といえるだろう。

act 55

完璧主義者は行動が遅く、
変更や修正を受けつけない頑固さがあるので、
変化の速い現代ではなかなか成功しない。

だから、完璧主義を貫くなら
スピード完璧主義者になろう。

とりかかるまでの制限時間を決めて、
それを頑なに守るようにするのだ。
それができれば完璧主義は最高の成果を
あなたにもたらすだろう。

act 56

あなたが思いつくアイデアはどこかで誰かが思いついている。

だから、アイデアを思いつくことよりも、
それを形にするスピードで価値が決まる。

思いついたらとりあえず形にするクセをつけるか、
あなたのアイデアを形にできる友人を持とう。

act 57

人がもっともクリエイティブになるのは、言い訳をするときだ。

自分を正当化するためなら、
人は普段では思いつかないような様々な理由を考えることができる。
だから言い訳をやめて、
そのクリエイティブさをやるべきことに向けよう。
きっと言い訳をする暇もないくらい
楽しい日々があなたを待っているはずだ。

act 58

完全に客観的な判断は存在しない。
あなたが下す判断も他人が下す判断も、
つまるところは感情による判断だ。

だから誰かを説得したいと思ったときには、数値やデータだけでなく、あなたの感情や具体的なストーリーを添えるようにしよう。なかなか自分の話が伝わらない人は、この部分が欠けていることが多い。

act 59

大切なのは
適切な決断をすること、
そして一度決めたら
決して振り返らないことだ。
実はほとんどの人が適切な判断はできる。
やるべきこともわかっている。
しかし自分を信じることができずに、
一度決めてもすぐに振り返り、
不安に耐えきれずにあきらめてしまう。
とっとと決めて振り返らず進もう。

好きなことを選べば、
好きなことができるようになる。
好きなことを徹底的にやれば
それで稼げるようになって
本当にやりたいことが
できるようになる。

未来のことは誰にもわからないのだから、
他人と違う生き方を選ぶことを恐れて、
自ら可能性をつぶさないことだ。
あなたの人生に他人の意見は関係ない。

act 61

私の言うようにしなさいというよりも、私のする通りにしなさいという人のほうが部下や後輩がついてくる。

ああだこうだと指示を出す人は多いが、
それ以前にそれを自分ができているかどうかに
目を向ける人は少ない。
それでは誰もついてこないのだ。
まずは、してほしいことを自分がするように心がけることだ。

act 62

親が強制した習い事や勉強が続かないのと同じで、
会社からの強制が多い仕事も続かない。

人が続けられるのは自分で決めたことだけだ。

親や上司ができるのは、
きっかけと好奇心を与えることだけだ。
後は忍耐強く待つしかない。
ここで焦って強制しようとすれば、
子どもや部下はそっぽを向いてしまうだろう。

act 63

真似をするのは構わないが、
ちゃんと理解をしてから真似をしよう。
ただ猿真似をするだけでは、
決して彼らに追いつくことはない。

なぜなら真似をした相手は常に成長し、先へ先へと進んでいるからだ。

理解しなければ猿真似は自分の力にならず、
それ以上成長することはない。

act 64

つまらない仕事を楽しくする唯一の方法は、
自分なりに工夫することだ。
他人から強制された仕事を、
他人から言われた通りにやるような
機械的な活動から喜びは得られない。
自分なりに考えて工夫できないか考えてみよう。

仕事を楽しくするにはそれしかない。

act 65

任せる覚悟がないなら、部下を持つべきではない。信じる覚悟がないなら、人を愛するべきではない。

任せたり信じたりして裏切られることもあるだろうけれど、
それはあなた自身の選択の結果なのだ。
相手の裏切りに落胆する必要はない。
自分の見る目を磨いて、
いい選択ができるようになればいい。

act 66

失うものに目を向けるのではなく、これから手にするものに目を向けよう。

失いかけたものを追いかけたくなるのは人の性だけれど、
果たしてそれはあなたにとってそこまで大切なものだろうか？
失いそうになったから価値を感じているだけではないだろうか。
ほんの少し立ち止まって考えてみよう。

act 67

失敗を恐れず行動し、
逆境とピンチを楽しみ、
周りの目を
気にしないようにしよう。
これができるようになれば、
あなたが成功するのは
もう時間の問題だ。
あなたの行動を邪魔するすべてを
無視して突き進もう。
突き抜けて成功してしまえば、
あなたへのすべての軽蔑の眼差しは、
心地よい羨望の眼差しに変わる。

act 68 ―――

夜になって一日を振り返ると、
ネガティブになって自分を責めやすくなってしまう。

だから、
夜は明日の予定を立てるだけにして、
振り返るのは翌朝にしたほうが、
ポジティブに生きていける。

act 69 ―――

おいしい料理を食べたことがない人が、
おいしい料理をつくれないように、
素晴らしい人と付き合わなければ、
素晴らしい人間にはなれない。

あなたは今晩、
どんな人と一緒にいますか？

act 70 ───

笑顔をつくるクセをつけよう。
笑顔のときにした体験は、そうでないときにした同じ体験よりも、
満足度が高く楽しく感じられることがわかっている。

科学が証明した人生を充実させるコツは、笑顔でいることだ。

act 71 ───

引き寄せの法則だの神頼みだのは、やることをやってからにしよう。

望んだり祈ったりしているだけで行動しない人に、
運命の女神はかなり冷たい。

思考

第 2 章

```
think
01 > 85
```

think 01 ―――――

できるかどうかを考える暇があるなら、
まずは「できる」と決めつけてしまおう。
結局のところ、人は自分の都合のいいように世界を見るので、
できると思った人には常に解決の糸口が見えるようになる。

結果がどうなろうと、どうせ思い込むならできると思い込むことだ。

think 02 ―――――

他人にダメだと言われたときにすべては始まり、自分がダメだと思ったときにすべてが終わる。

ダメだと思ったときには、
前に進むことができなくなるから
そこですべてが終わってしまう。
他人にダメだと言われたときは、
誰もが挑戦を恐れてしていないことなのだから、
成功するチャンスは大いにあるわけだ。

think 03

自分を許す勇気を持とう。
終わってしまったことに対して自分を厳しく責めても、
過去を変えることはできない。
さらに、終わったことについて自分を責めるほど、
同じ過ちを犯しやすくなることが心理学的にわかっている。

大切なのは、失敗から学ぶことで、失敗した自分を責めることではない。

think 04

失敗は学ぶためのチャンスだと考えよう。
失敗がトラウマになって
チャレンジすることをやめてしまう人は、
失敗から「失敗することへの恥や恐怖」だけを吸収している。
失敗から学べるのは、次はどうするかということだけだ。

あなたがまたチャレンジするなら、失敗は学ぶためのチャンスでしかない。

think 05

自分を好きになれば人生は好転する。

だから、自分の人生をいい方向に変えたいならば、
毎日あなたが行っている行動に注目して、
それを行うことで自分をもっと好きになれるかを考えてみよう。
自分を好きになれないような行動をとっているなら、
それをあらためればいい。
自分を本当に好きになれば人生は変わる。

think 06

何よりもまず、
今日を最高の一日にする努力から始めよう。
今日この日を最高にする努力を続けた人だけが、
輝かしい未来を手にすることができるのだ。
選択に迷ったり、怠けそうになったときは、
一度手を止めて
自分にとっての最高の一日をイメージしてみよう。

自分をコントロール
しやすくなるはずだ。

think 07

運の良さの正体は、
粘り強さだ。

運がいい人ほど気長にチャンスを待って努力を続け、
すぐに見切りをつけずに
じっくりと観察して本質に迫ろうとする。
ギャンブルなどのようなものを除き、
人生における運の良さとは単なる確率の問題ではなく、
集中力と自己コントロールの問題なのだ。

think 08 ─────────────────────────

ただ幸せを求めても、
幸せになることはできない。

幸せは充実した活動から得られる副産物だからだ。
仕事でもプライベートでも、
自分の人生を充実させようとひたむきに努力している人は
自動的に幸せになれる。
だから幸せになりたいなら
まず日々の生活を充実させることを考えよう。

think 09 ─────────────────────────

何でもかんでも神様のせいにするのはやめよう。
すべては神の意志ではなく
あなたの選択と物理法則によって決まっている。
物理法則は変えることができないので、
運命を変えたいと思うなら自分の選択を変えるしかない。

あなたの選択は
「神の意志」よりもはるかに
強力な力を持っていることを自覚しよう。

think 10

誰かに嫌われたって構わない。
自分を殺して、
誰にも嫌われず
誰にも好かれない
人間になるより、
多くの人に嫌われたとしても
誰かが本当にあなたのことを
好きになってくれる
生き方をしよう。

どうでもいい人たちに気をつかって、
あなたを心から好きになってくれる人を
遠ざけていないか考えてみよう。

think 11 ─────────

やらなければいけないという義務感が、あなたからやる気を奪う。

常に何かに手をつけて、
目の前のことに集中するようにしてみよう。
すると、やらなければいけないというモヤモヤはなくなり、
あなたが感じていた義務感を充実感に変えることができる。
義務感や罪悪感があるのは行動してないからだ。

think 12 ─────────

やったことがないことと、
やってもできないことを明確に区別しよう。
挑戦することを恐れるようになると、
やったことがない＝できないと思い込んで
行動しなくなってしまう。

やったことがないからこそ、案外できるかもしれないと考えよう。

think **13**

難しくて手におえないようなことが起こったときには、
難しいのは一部分だけだと考えよう。

たいていのことは、
実はほんの一部が難しいだけで、
全体が難しく見えてしまっている
ことが多い。
まずは自分のできるところから
問題を分解していけば、
意外とある程度はできてしまうものなのだ。

think **14**

実際はあまり忙しくない人ほどギリギリに行動したがる。
自分をギリギリに追い込むことで
頑張っているという実感を得ようとするわけだ。

かなりの意志力がなければ
価値ある忙しさは保てない。
だから本当に忙しい人というのは
実はめったにいない。

think 15 ─────────────

他人に変わってほしいなら、
まずはあなた自身が変わることから始めよう。

人は似ている人と付き合い、
相手の態度に似たふるまいをする。
だから、あなたの周囲の人は
あなたの心を映す鏡なのだ。

今の環境や職場に魅力を感じないなら、
まずあなたが魅力的な人になることだ。

think 16 ─────────────

人付き合いが上手な人は、
他人を許すのがうまい。

人間関係の問題はそのほとんどが他人への干渉によるものだ。
他人を許せないと他人に許されることもないので、
ちょっとしたミスも大事になってしまう。
だから、今日から他人を許す練習をしてみよう。
それが人間関係の苦しみから自由になるコツだ。

think **17**

賢者は自分より優れた人を雇い、
愚者は自分に劣る人を雇う。

素直に他人の成功や能力を認めることができない人間は、
自分を良く見せるために
自分より優れた人を自分の周りにおくことができない。
だから成長も成功もできない。
あなたも賢者のように
素直に他人の能力を認めることができるようになろう。

think **18**

あらゆる妄想はあなたの理性を殺す。
他人に対する思い込みや被害妄想は、
あなたの理性から
判断能力を奪い去ってしまう。

自分が妄想にとらわれそうになったら
それは誰が見ても明らかで、実際に起こった事実なのか、
まだ起こってもいないことをネガティブに考えた妄想なのか、
ちゃんと考えてみよう。

think 19

勘違いしてはいけない。本当の優しさを持てるのは強い人だけだ。

弱い人は常に周りの状況に振り回され、
結果的に流されて無責任な行動をとってしまう。
だから、弱い人は薄情なのだ。
彼らが一見優しく見えるのは、
嫌われることを恐れているだけにすぎない。
優しさは強さとともになければならないのだ。

think 20

欠点を見せない人は、完璧な人なのではなく、ただ単にあなたに心を許していないだけだ。

こういう相手を信じすぎると必ず後悔することになるだろう。
本当に素直な正直者なら、
自分の欠点を包み隠さず見せるものだ。
誰にも欠点を見せようとしない人間は
相当な嘘つきの可能性が高い。

think 21

心配性なのは決して悪いことではないが、事前の準備や行動が伴わない心配性はかなり悪質だ。

心配するだけで何もしない心配性は、ただ怠けているだけだ。
心配するのは脳があなたに危険を回避するために
備えをさせようとしているわけで、
行動さえ伴えば危険を避けるチャンスだと考えよう。

think 22

確かめたくなるのは、
自信がなくなって不安を感じているからだ。

恋人の気持ち、友人や家族との関係、自分の未来など
人は自信がなくなり不安になったとき、
周囲を疑い、自分の居場所を確かめたがる。
しかし、確かめたところで不安が消えるとは限らない。
根本的な解決策は自分を磨いて自信をつけることだ。

think 23

解決法がわからないことが問題なのではなく、問題が何かがわかっていないことが問題なのだ。

どうすれば解決できるのかと思い悩む人の多くは、
自分の抱えている問題が
本当はどういうものなのかがわかっていない。
よくわからない問題は実際以上に手強く見えるものだ。

think 24

ポジティブな特徴や有利な状況を使うのは馬鹿でもできる。
大切なのは、ネガティブな特徴や不利な状況を
上手に使う方法を考えることだ。

自分にとって都合の悪いことや目を背けたくなるようなことに向き合い、上手に利用することができれば、道は開ける。

think 25

裏切られ
傷つけられたということと、
あなたが
前に進み続けることには
何の関係もない。

あなた以外にも傷ついている人間は
いくらでもいるし、
それでも前に進んでいる人もたくさんいる。
傷ついて立ち止まる人間になるのか、
傷ついても前に進む
強く美しい人間になるのかは
自分の選択次第なのだ。

think 26 ───────

弱き者にとっての最強の武器は知識である。
あらゆることから学んで知識を身につけ、
強い者を出し抜く戦略を立てよう。
強者は圧倒的有利な条件で戦いを挑んでくるため、
頭を使って必死に考える必要がないが、そこに希望がある。

最後に勝つのは
力のある人間ではなく、
自分の頭で
ちゃんと考えた人間なのだ。

think 27

常識だからといって誰もができているとは限らない。
多くの人は勘違いしているが、
知っていることとやっていることはまったく違うことなのだ。

もし、あなたが
何かを成し遂げたいと思っているなら、
突飛な発想を試す前に、
当たり前なのに皆ができていないことを
探してやってみよう。
それだけであなたの人生は一変する。

think 28

「頭がいい人」というのは
頭のできがいいというより、
あらゆるものからどんなときにも
学ぼうとしている人のことだ。

こういう人は同じ時間を過ごしていても、
そこから得られる学びが圧倒的に多いので頭が良く見える。

think 29

疲労感は達成感、
試練はチャンスだと考えよう。
言葉を言いかえるだけで、
新しい視点や可能性が
見えてくる。

だから成功した人たちは
言葉の使い方がうまいのだ。
彼らは他人だけでなく、
自分をコントロールするためにも
言葉の力を使う。
あなたも自分の言葉を言いかえることで、
自分の心を書きかえてみよう。

think 30

自分の気持ちに素直になろう。
何かに感動したり、熱狂するのは、
それはあなたが本当に求めているものが
そこにあるからだ。

その感情を一時的なものとして無視していては、
楽しい人生はやってこない。
あれこれ考えるよりも、
自分の感動や熱狂に向かって進めば、
あなたの夢にもっと近づけるはずだ。

think 31

自分の人生を楽しむコツは、
日々の生活から
不要な批判をとり除いていくことだ。

自分が実害を被ったわけでもないし、
何も得られるものがないなら批判したところで何も意味がない。
批判のために物事のネガティブな面に目を向けて、
自分の人生を台無しにしないように気をつけよう。

think 32

あなたの大切な人を元気づける一番の方法は、
あなたが夢を持って生きることだ。

前向きに生きている人は、その周囲の人までポジティブにすることがわかっている。

下手な言葉をかけるより、
あなたの行動で相手を元気づけてあげよう。

think 33

口論する時間も、後悔する時間も、他人を憎む時間もない。あなたがまっすぐに目標に向かって進んでいるのであれば。

本当に好きなことをしていて、
それに没頭している人が幸せそうに見えるのは、
大好きなことをする以外の時間がないために、
余計なストレスや悩みを抱えないで生きているためだ。

think 34

働くことで
お金以上のものを
手に入れなければ、
仕事は単なる労働になる。

経験から何かを学びとることができなければ、
あなたの人生は労働時間×時給で計算される
わずかな額と同じ価値しかなくなる。
お金を稼ぐのはいいことだけれど、
それ以上のものを手に入れることを忘れないようにしよう。

think 35 ───────────

仕事があなたのすべてではない。
仕事だけで人生が決まるなんて
占いを本気で信じるのと同じくらい馬鹿げている。

仕事があって、あなたがいるのではなく、あなたがいるから仕事があるのだ。

仕事がなくてもあなたはあなただ。

think 36 ───────────

自分の評価を他人に委ねないことだ。

仕事や友人、環境が変わっても
ぶれない自分を保つことができるようになる。

think 37

努力が足りないのではなく、繰り返しの回数が足りないだけと考えよう。

たいていのことは回数を重ねていけば楽になり、
問題をクリアできるようになる。
そう考えることで努力の習慣ができ、
あなたの人生はもっと充実する。
大切なのは小さなことでも
自分を信じて続けていくことだ。

think **38**

物事の正しさは見方によって変わる。
そしてこの見方はその人の気分や状況によって
常に変わっていく。
だから、絶対的に正しい答えなんてないのだ。

**迷ったときには
あなたの心を満たしてくれる選択をしよう。
そしてその後、
自分の見方が変わっても、
後悔せずにそれを信じ続けることだ。**

think **39**

疑って後悔するより、信じて後悔しよう。

**人は自分の行動から学んでいくので、
疑うことからは「誰を疑うか」を学び、
信じることからは「誰を信じるか」を学ぶ。**

人生において大切なのは誰を疑うかではなく、誰を信じるかだ。
信じるべき人を見つけて充実した人生を送りたいなら、
信じて後悔する道を選ぼう。

think 40

空気を読むということは
何も考えずに周囲に同調することではない。

空気を読むというのは状況を適切に把握して
最善の選択肢を「自分で考えて」選ぶことであって、
思考停止の右にならえは
ただ単に「周囲に流されている」だけである。
空気という言葉を多用する人に
あなたの才能をつぶされないよう注意しよう。

think 41

あなたが今日をどう生きたかは、
寝る前にわかる。

価値ある今日を過ごせたならば、
その日の終わりに感じるのは疲れや後悔ではなく、
達成感と明日への希望だ。
達成感を道しるべに行動すれば、人生で道に迷うことはないだろう。

think 42

自分にはどこにも居場所がないと思うなら、
自分ではなく誰かのための居場所をつくってあげよう。
あなたを慕ってくれる人、
あなたが大切にしたいと思える仲間がいるところが
あなたの居場所になる。
だから、彼らのための居場所をつくってあげよう。

誰かの居場所をつくれば、あなたの居場所がそこに生まれるのだ。

think **43**

人を動かすのは、
いつでも同じ目線でものを見て、同じ場所に生きる人間だ。
高いところにいる人間には、憧れはしても共感はしない。

あなたが誰かを
動かしたいなら、
相手と同じ目線で、
同じ場所に立って語ればいい。

think **44**

人はどうしても忘れたほうがいいような
ネガティブなことばかり
記憶に残してしまう。

だから、あなたが覚えているよりも もっと多くの楽しいことが 今まであったはずだ。

楽しいことを記憶に残したいなら記録しよう。
そうすれば人生はもっと充実する。

think **45**

自分がどこに目を向けているかを 意識しよう。

わずかな不満や不幸に目を向けるのではなく、
満足や幸せに目を向ける人間になろう。
下を見れば都会の汚い地面しか見えないかもしれないが、
上を見れば綺麗な空が見えるのだから。

think 46

不安定であることは素晴らしいことだ。
自分を変えるには一度安定を捨てる必要があるが、
これが一番難しい。

今まさに不安定な状況にいるなら、あなたは変化と成長の一番近くにいるということだ。

think 47

想像力と行動力は密接に関係している。

想像力が高い人ほどポジティブに考えると成功をつかみやすいが、ネガティブに考えてしまうと簡単なことでも本当に失敗してしまう。

気質や性格にいい悪いはなく、使い方次第ということだ。

think **48**

まだ見ぬ明日に怯えて、今を後悔するのはやめよう。

どうなるかわからないことに思い悩み、今しかできないことをおろそかにして後悔する人生なんて悲しすぎる。明日は明日になってからどうにかすればいい。

本当にあなたがどうにかしなくてはいけないのは
今この瞬間なのだ。明日ではない。

think **49**

チャンスは貯めることができない。だから今日のチャンスは今日のうちにすべて使い切るようにしよう。

チャンスは新鮮さが一番大切で、
舞い込んだ瞬間こそもっともモチベーションが高く、
実現する確率が高いのだ。

think 50

次のチャンスや未来について
語る資格があるのは、
今必死に行動している人だけだ。

黙って同じ場所にとどまっていても、
輝かしい未来があなたを迎えにきてくれることはない。
未来はあなたが迎えに行かなければならないのだ。
だから今日から待つのはやめて、
あなたから未来を迎えに行こう。

think 51

過去と他人は変えることができないが、
今この瞬間と自分は変えることができる。

過去も未来もない。
あなたにあるのは今この瞬間だけだ。

この瞬間に最大限の成果が期待できるような行動をとろう。
その積み重ねは必ずあなたが望む未来につながるはずだ。

… think 52

成長はいつも
限界のちょっと先にある。

無理しすぎることは良くないが、
あなたが成長を求めるなら、
少しだけ無理をすることが大切だ。
毎日、自分の限界を
少しだけ超えていくことで、
あなたはもっと成長し、
昨日よりも自分を好きになれるはずだ。

think 53 ―

仕事ができないのと、仕事をしないのはまったく違うものだ。

できないというのは、努力をしていれば
いずれはできるようになる可能性を持っている。
しないというのは、とりかかることすらしない怠惰によるもので
そこに可能性はない。
仕事を楽しくしたいなら、
後者との関係を容赦なく断ち切る必要がある。

think 54

脳の力を引き出したいなら、
自分で締め切りを設定しよう。

他人が設定した締め切りでは、義務感を感じてしまい、あなたの潜在能力は発揮されにくい。だから、与えられた仕事であっても、自分なりにそれをすることの意義と締め切りを自分で設定してみよう。

それが素早く仕事を終わらせて自分の時間をつくるコツだ。

think 55

早くこなしたやっつけ仕事は、その分だけ早くダメになる。

仕事をするなら、
長期的な価値を考えて質を高めるようにしよう。
もし、いくら考えても
長期的な価値が見出せないような仕事なら、
やっつけ仕事で済ませたくなるかもしれないが、
そんな仕事はやっつけでこなす価値すらない。

think 56

努力は自分を裏切らないが、努力を裏切るのはいつも自分自身だ。

人はほんの少し努力すると、
少しはサボってもいいと思うようになる。
それは努力を裏切る行為だ。
この誘惑に負けそうになったときには
なぜ自分が努力したのか、
その努力で誰が幸せになるかを考えよう。
誘惑に打ち勝つことができるはずだ。

think 57 ───

他人を力で押さえつける人間は、いつか必ず滅ぼされる。

強制した人間がそのことを忘れたとしても、
力で押さえつけられた人たちはそのことを決して忘れない。
必ず報いを受けることになるだろう。
だからあなたは復讐に無駄な時間を使う必要はない。
歴史も証明しているように、そういう人間の息は長くない。

think 58

不満があるのは
あなたが上を目指しているからだ。

だから、他人に不満をぶちまけても
気分が晴れることはない。
あなたの不満を発散する唯一の方法は
自分を高めることだけだ。

think 59

他人を裁くのをやめよう。自分が裁かれたくないのであれば。
世の中では、他人の失態を見たときに、
それをやり玉に挙げて批判することが多いが、
そういったときに一番賢い行動は、
自分は同じような過ちを犯していないかと省みることだ。

賢い人は他人の失敗すら
自分の経験にしていくから手強いのだ。

think **60**

達成できないほど多くの目標を立てるよりも、
目標を少なくして確実に達成していくほうが
自分に自信が持てるようになり、
結果的に多くの目標を立てたときよりも
多くのことが達成できるようになる。

大切なのは
目標をたくさん立てることではなく、
本当に大切な目標だけに数を絞ることだ。

think **61**

不安とは、あなたが持っているものと
ほしいものの差のことだ。

非現実的な理想を掲げたり、無理に背伸びしようとすると、
どうしようもなく不安になるのはそのためだ。
不安が大きくなるほど人は前に進めなくなる。
着実に前に進むためには、
適度な不安を感じるくらいの小さな目標を設定しよう。

think 62 ―

あなたの決意は、やり遂げるための具体的な計画がセットになってはじめて決意になる。

ただ単にやろうと思うだけでは決意にはならず、
具体的な計画のない決意はその場しのぎにしかならない。
こういった何となくの決意は
いつかは自分も成功するんだという
現実逃避にしかならないので気をつけよう。

think 63 ―

決意したことを確実に実行するには、
どうしても今やらなくてはいけない
差し迫った理由が必要だ。

どんなに意志の強い人間でも、モチベーションだけで何かを達成することは難しい。

モチベーションが続かなくなったときにでも、
どうしてもやらなくてはいけない
強制的理由のある人だけが夢を形にできる。

think 64 ───

勝者は
敗者が身につけたがらない
習慣を身につけている。

社会における勝者と敗者の違いとは、
成功するための秘密を知っているかどうかではなく、
当たり前に成功する可能性を高めてくれるが、
誰もが面倒くさがってやらないことを
習慣化できるかどうかで決まる。
成功するための裏技や秘訣など存在しない。

think 65 ──────────

習慣を変えるには、変化を嫌う脳を騙す必要がある。

習慣を変えたいときは 10%以下のわずかな変化を 少しずつ積み重ねていくといい。

脳は大きな変化には激しく抵抗するが、
小さな変化なら気づかない。
これが習慣を変えるコツだ。

think 66 ──────────

どっちつかずはやめて、 どっちかにつく習慣をつけよう。

どっちつかずな態度では、
結局、誰も味方になってくれなくなってしまう。

think **67**

文句があるならやめればいい、
不満があるなら自分でやればいい。

権利は当然のごとく与えられるものではなく、
戦って勝ちとるものなのだ。
権利の平等性をうたっている法律があっても、
実際に平等にあるのは、自分の行動を選ぶ権利だけだ。
まやかしの権利にしがみついて行動しないのは愚か者だ。

think **68**

平等の名のもとに、
誰かが必死になって努力して得たものを、
努力しなかった人が
奪いとっていいということにはならない。

どんな分野でも
成果を上げている人というのは、
遊ぶ時間や休む時間を惜しんでまで
努力を続けたから成果を上げているのだ。

自分がそれだけのことをしているか今一度、考えてみよう。

think 69

自由というのは、自分で自分自身が守るべきルールを決めることができるということだ。

あなたが他人に縛られて生きるのが嫌なら、
まずは自分の決めたルールを確実に守る訓練をしたほうがいい。
自分で決めたルールすら守れない人は、
自由になったら何をすればいいかわからなくなり、
結局何もしなくなる。

think 70 ─────────

才能とは、
努力が苦にならないということだ。

自分の持つ才能を見極めるには、
努力が苦にならないかどうかを見極めればわかる。
努力が苦にならず、
むしろ楽しみながら継続できるのであれば、
それは大きな成果につながる。
つまりあなたはその活動に対する才能があるということなのだ。

think 71 ─────────

中途半端にやるくらいなら、
いっそのことやらない勇気を持とう。

人生で一番大切なことに、
いつになっても手をつけられないのは、
やってもやらなくてもいいことを、
中途半端にこなして時間を消費していることが原因なのだ。
勇気を持ってやめてしまおう。
大切なものが見えてくるはずだ。

think 72

アンフェアな場所では やりがいを見出すことは 難しい。

常識あるつまらない大人のふりをして妥協すれば、
短期的にはいい思いができるだろう。
しかしそのうち思い出すだろう。
自分に一生嘘をつき続けるほうが
はるかに苦しいということを。
だから、自分が納得できるような
努力しがいのある場所を探そう。

think 73

あなたと違う意見を言う人と、あなたを批判する人はどちらもあなたの味方である。

違う意見は積極的にとり入れて自分を磨くことができるし、
批判はあなたの勇気ある行動を証明してくれるからだ。

think 74

変わり者であることを誇りに思うことだ。

他人と違うことで悩むこともあるだろうけれど、
変わっている部分を伸ばして突き抜ければ、
あなたは唯一無二の存在になれる。
疎まれる変わり者は貫き続ければ
いつか皆が求めてやまない存在になるのだと信じよう。

自分を殺して普通の人になろうなんて考えないこと。

think 75

なんだか最近、心がモヤモヤすると思っているなら、あなたは余計な義務を背負いすぎているのかもしれない。

人に任せられること、
工夫次第ではやらなくてもいいような
「義務」を減らせば、人生がもっと楽しめる。

think 76

考え方次第で、不安は期待に変えられる。
あなたが何か未知なものに不安を感じるならば、
それはあなたにとって新しいことであり、
そこには可能性があるということだ。

そう考えれば、不安は期待に変わり、早くきてほしくてたまらないワクワク感がわいてくるのに気づくだろう。不安は期待なのだ。

think 77

やりたいことがコロコロ変わるのは、あなたが好奇心という才能を持っている証拠だ。

なかなか自分の力をいかせないと思っているなら、
好奇心を最大限にいかして様々なことに挑戦してみればいい。
普通の人にはできないくらい
たくさんの挑戦ができる好奇心こそが
あなたの才能なのだから。

think 78

ストレスは考え方次第で体に良くも悪くも働くことがわかっている。

ストレスが体に悪いと考えてしまうと、
そうでない人に比べて死亡率は43％も高まってしまうが、
ストレスを感じたときにそれが成長につながると考えると
むしろ免疫力が向上することもある。

think 79

頭を抱えた分だけ
あなたは成長する。

悩み考えることであなたの脳は成長し、
最適な答えをより早く出してくれるようになる。
成功した人たちは、他人が見ていないところで
人一倍頭を抱えて考えてきたからこそ、
人前で迅速な決定を下せるようになったのだ。
悩み考えることを恐れないようにしよう。

think 80 ───

勇気を与えてくれる言葉よりも、勇敢な行動が人を動かす。
あなたがうまく話せなくても問題ない。
行動であなたの勇気を示そう。

それが人を動かす。

think 81 ───

切り札をいつも残しておこう。

切り札は使うよりも、
持っていることに価値がある。

切り札を残しておけば、
自信と余裕を持ってふるまえるようになり、
あなたの説得力や行動力が上がる。

think 82

あなたのためになるからと、あれこれ言ってくる人に注意しよう。

ためになると言って自分の意見を押しつけ、
あなたをコントロールしようとする人もいるからだ。

think 83

自分がどう見られているかを悩むより、自分をどう見せるかを考えよう。

周囲から影響を受けるのではなく、
周囲に影響を与える人間になれる。

think 84

うまく使ってさえいれば、
時間が足りなくなるということはないと考えよう。
第一線で活躍する人が
余裕を見せることができるのはこのためだ。

忙しい、時間がないと言っている時間があるなら、時間の使い方を見直すほうが賢明だ。

think 85 ───

足を速めれば
つまずくことも多くなるが、
のろのろ進んでいては
いつになっても
目標を達成できない。

だから、目標を早く達成するには、
転び方を学ぶことが大切だ。
最初のうちにたくさん転んで失敗して、
転び方を学んでしまえば、
失敗の痛みや恐れがなくなり、
どんどん前に進むことができるようになる。

人生

第 3 章

life
01 > 71

life 01

他人と戦うことをやめて、自分と戦うことに専念しよう。
成功する人は常に自分の中にある誘惑に勝利することで
着実に成長していく。
成功できない人はむやみに他人と戦う。
他人と自分を比べることで自分のペースを乱され、
争うことで多くのものを失ってしまう。

戦うべきは
あなたの中にいる
自分自身だ。

life 02

批判にも称賛にも動じない人になろう。自由に生きるための方法は、他人の言葉に動じなくなることだ。

批判されても、心を乱すことなく目標に向かって行動し続け、
称賛されたとしても、
自分に甘くならずに黙々と目標に向かって努力し続ける。
動じなければ他人に人生をコントロールされることはない。

life 03

過去を無駄だったと後悔しないようにしよう。

今あなたが後悔しているということは、
あなたはその経験から確かに何かを学んだ証拠だ。
つまりその過去はあなたを
後悔できるレベルにまで成長させてくれたのだから、
まったく無駄にはなっていないのだ。
後悔するほど何かを学べた過去に無駄なものなんてない。

life 04

あなたを不幸にするのは
他人ではなく、
不幸を忘れないあなた自身だ。

過去の不幸に目を向けてばかりで前を見ていなければ、
幸せなんて見つかるはずもない。
幸せな人とそうでない人の一番大きな違いというのは、
様々な出来事のどの面を見ているかだ。
幸せになれる人は不幸の中にも楽しみを見出す。

life 05 ───────────────────────────

夢を叶えたいなら、あなたは今いる場所にいることを
あきらめなければならない。
成長して違う世界に行きたいと願いつつも、
いつまでも安心できる今の場所に
とどまろうとしている人の何と多いことか。

手に入れたものを
捨て去る勇気がなければ、
今いる場所があなたの人生の終着点に
なってしまうだろう。

life 06 ───────────────────────────

1秒でも早く自分の人生を今すぐ歩み始めよう。
どうでもいい心配事やしがらみにとらわれたり、
変化を恐れてグズグズとしていては、
できるはずのことも時間切れでできなくなってしまう。

うまくいくかは考えずに、
とにかく始めよう。
神様は僕らにどうでもいいことに
使えるほど時間を与えてはくれていない。

life 07

覚悟とは、
逃げ道を断ち切る行動のことだ。

何かを成し遂げたいなら、
一番に逃げ道を自分への甘えとともに断ち切る必要がある。
逃げ道を断ち切ることで、後戻りできないという不安を
夢を成し遂げる勇気に変えることができる。
覚悟しよう、あなたの夢を叶えるために。

life 08

何も持っていないということは、
底知れない強さを持っている
ということだ。

何も持っていなければ失うものがないから
大胆に行動できるし、何を手に入れても喜びを感じ、
日々の些細なことに感動することができる。
もしかすると、それは本当に豊かな生き方なのかもしれない。

life 09

自分が何者であるかより、何になりたいかで人生の選択をしよう。

大きなことを成し遂げた人も最初は普通の人だった。
ただし彼らは自分が何者なのかにとらわれて
可能性を狭めることをせず、
何になりたいかを考えて選択と努力を続けた。
だからあなたも何になりたいかに集中すれば
大きなことが成し遂げられるはずだ。

life 10

自分の人生を生きよう。
仕事でもプライベートでも、何となく日々を過ごすのではなく、
自分で意味を持って選択をし、
自分の選択したことを全力で楽しもう。
それが生きるということだ。
何となく他人に流されて日々を過ごすような
「ただ死んでいないだけ」の人生なんてつまらない。

自己選択こそが人生だ。

life 11

意志のあるところに常に道はある。

自分の感じた素直な感情や好奇心、
直感を大切にして前に進んでいこう。
直感や好奇心を抑え込んで「おりこうさん」な選択をするのは、
自分に嘘をついていることと同じだ。
後悔をしたくないなら、何があっても
自分にだけは嘘をつかないようにしよう。

life 12

ピンチに追い込まれるのは、あなたが挑戦し続けている証拠だ。

挑戦している人ほど苦しい試練に直面し、
それをのり越えることで成長する。
そして、さらに困難な試練に立ち向かっていく。
だから、あなたが今苦しいとしても、それを嘆く必要はない。
それは、ちゃんと前に進もうとしている証拠なのだから。

life 13

困難が大きいほど、チャンスも大きいと考えよう。
簡単なことを解決しても誰も評価しないし、何も得られない。
あえて大きい困難に挑戦することで、
目先のことにとらわれて
小さなことをひたすらこなす人と
大きく差をつけることができる。

大切なのは自分が人生をかけてもいい困難を見つけることだ。

life 14

楽して成功することはできないが、
楽しんで成功することはできる。

何かを思いっきり楽しむことができれば、
あなたの集中力と洞察力は最大化され、
最高の成果を出すことができる。
だから、誰よりも趣味を愛して、
誰よりも楽しむことができれば、
それを仕事にして稼ぐことはできるはずだ。

life 15

長い目で見れば、人生はいつでも
面白いことにあふれている。

短期的に人生を見ると、
どうしても辛いことにばかり目を向けてしまいがちだが、
どんな辛いことでも、いつかは笑って話せる日がくるように、
長い目で人生を見ていけば、苦しみは思い出に、
悲しみは経験に変えることができる。

life 16

スポーツでも人生でも、
一番楽しいのはいつでも
観客よりもプレーヤーである。

だからあなたも自分の人生を
積極的なプレーヤーとして楽しもう。
あなたの人生の主人公はあなた自身なのだ。
悲観的な観客になってしまってはもったいない。
もっと自分に正直に生きる方法を探してみよう。

life 17

向かい風の中に花の香りを探すような生き方をしよう。
何の試練もない無風な人生を生きていても、
そこに喜びを感じることはない。
チャレンジングでやりがいのある向かい風を
楽しむように生きる中にこそ、
人生の大きな喜びがあるのだ。

人生を楽しむ人は
どんな向かい風の中にも
喜びを見つけることができる。

life 18

堂々と生きよう。

あなたが堂々としていれば、
周囲に魅力的な人間が集まってくる。
そして、あなただけではなく、
あなたの周囲の人間にも良い影響を与える。
自信に満ちた頼りがいのある人間と
付き合い、ともに仕事ができることほど、
人生を充実させてくれるものはないのだ。
自分に自信を持てるようになろう。

life 19

根を張らずにひたすら枝を伸ばし続けてしまえば、どんな大樹も倒れてしまう。

だから、大樹になるには根を深く張るための時間が必要になる。
うまくいかないなら、自分を磨くために時間を使ってみよう。
あなたには今、
大きく飛躍するために根を伸ばす時間が必要なのだ。

life 20

険しい山道を登らなければ、山頂にたどり着かないように、あなたの人生も険しい道を進まなければ望む場所にたどり着くことはできない。

簡単にたどり着く場所にあなたの探す答えはないのだ。
多くの人と同じように楽をしようと
エレベーターにのったとしても、
山の上には永遠にたどり着かない。

life 21

成功した人たちは、毎日の些細なことが人生を大きく左右することを知っている。

ちょっとした習慣やこだわりがまさにそれだ。
偉人たちには他の人には理解できないような
習慣やこだわりを持っていた人が多いが、
この習慣が彼らの脳と自制心を鍛えたということが
わかっている。
あなたも小さな習慣を持とう。

life 22 ───────────────

人生では必ずしも強い人が勝つとは限らない。
自分ならできる、と自分を信じて
能力を最大限に発揮した人が勝つのだ。

圧倒的な強さを持っていたはずの人が、
格下だと思われていた相手に足をすくわれることが多いのは
このためである。能力を高めるだけでなく、
自分の真価を発揮できる自信も身につけよう。

life 23 ───────────────

不可能を可能にしたいのなら、
目の前の小さな可能性を積み重ねていこう。

成功した人たちは皆
不可能に挑戦したことで
成功を手にしているが、
彼らは常に目の前の小さな可能性を
おろそかにしないから、
不可能を可能にするチャンスを
手にすることができるのだ。

まずは目の前の可能性に目を向けよう。

life 24 ───

この世界に
本当に平等なものがあるとしたら、
それは時間だけだ。

その時間ですら完全に平等とは言えない。
それは使い方によってその価値が大きく変わってしまうからだ。
だから、お金の使い方よりも、
まず時間の使い方を学ぶようにしよう。
時間はお金を生むことができるが、その逆はできないのだから。

life 25 ───

無駄なものなんてない。
無駄な使い方があるだけだ。

どんなものでもあなたの夢を叶えるために利用できる。
だから、何をするときでも、目の前にあるものが
あなたの夢を叶えるためにどう使えるかを考えよう。
あなたの貴重な人生を無駄づかいしないために。

life 26

人生は無数の５分間の積み重ねだ。

あなたがあと50年生きるとすれば、
５分間の積み重ねは526万回ぶん残されていることになる。
これを多いと考えるか少ないと考えるか、
そしてこの残された５分間から何を生み出すことができるかも
すべてはあなた次第だ。
人生は時間を何につぎ込むかで決まる。

life 27

人生という時間は限られている。
だから愚かな人を相手にしてはいけない。

神が平等な知能を人々に与えなかったことを嘆く時間は、
前に進むあなたには残されていないのだから。

life 28

うまくいかない人生を変える
唯一の方法は、
他人のせいにするのを
やめることである。

他人のせいにしているということは、
自分の人生に責任を持っていない
ということだ。
そんな状態では、
人生における重大な決断を
行うことはできず、
周りに流され、ありきたりで
つまらない人生しか歩めないだろう。

life 29 ───────

たった一度の失敗で、自分の人生を全否定しないことだ。
失敗やスランプの先には、大きな成長があなたを待っている。
失敗しただけで進むのをやめてしまってはもったいない。
失敗したときこそ前に進もう。

あなたは間違っていない。
失敗するということは
成長する方向に進んでいる
ということなのだから。

life 30

怖いからといって自分の可能性を自分で閉ざすのはやめよう。
人間は人生の大きな変化に恐怖を感じるようにつくられている。
だから人生を変えることは難しい。

裏を返せば、
あなたの人生を大きく変える
方法があるとすれば、
それはあえて
恐怖に向かうことだ。
その先には大きな変化がある。

life 31

あなたの努力は、誰かに認められなくても価値がある。
努力は他人に認めてもらうためにするのではなく、
あなた自身を磨き人生を充実させるためにあるのだ。
努力すること自体に喜びを見出せるようになったら
しめたものだ。

誰にも影響されることがない自由な人生をあなたは歩めるからだ。

life 32

社会常識を気にして平均的な人間になるのではなく、
自分らしさをどんどん伸ばして個性的な人間になろう。
本当に必要とされるのは個性的な人間だ。

平均的な人間になってしまえば、あなたは社会からいわゆる「取り替え可能な部品」と同じ扱いをされてしまう。

誰に何と言われようとあなたらしく生きよう。

life 33

他人と自分を比べても、
その先に待っているのは怠惰か絶望しかない。
自分より下の人間と自分を比べれば、
自分に甘くなり、成長しなくなる。
自分より上の人間と自分を比べれば、
理想と現実の差に絶望する。

**自由に生きるということは、
他人に左右されずに
成長できるように
なることなのだ。**

life 34

しがみつくのはやめよう。

成功するためには、1秒でも早く
一生続けてもいいと思えるようなことを
見つけて、そこに人生を注ぎ込むことだ。
やりたいことがわかっているのに、
目の前のことに縛られて
挑戦することをしなければ、
あなたの人生はあっという間に
終わってしまう。

life 35 ───

歳をとるほど、人は一貫性に縛られ、
自分の経験の外にある新しい考えを認めることが難しくなる。
自分の権利を守ろうとして新しい概念や世代を認めずに、
それを否定してしまえば、自分がこの世を去るときには
誰も惜しんでくれなくなるだろう。

誰かの背中を押せるような
歳のとり方をしたいものだ。

life 36 ───

親が子どもに与えられるのは
チャンスだけだと思う。

親の世代での常識やスキルは
子どもの世代では通じなくなっている場合も多いし、
経験を重ねているからこそ、それに頼りすぎて、
経験のない子どもから学ぶチャンスを奪っていることも多い。
チャンスを与えることが親のできる唯一のことなのだと思う。

life 37

能力を発揮したいなら、
あなたを信じてくれる人を探そう。

上司からの命令に従って、
単なる義務感だけで仕事をしている人には、
本当の意味での責任感は芽生えない。
なぜそれをするのかという
本質的な問いに答えられないからだ。
自分の能力を発揮したいなら、
信じて任せてくれる人のもとで働こう。

life 38

学問なんて社会に出たら役に立たない
と言う大人たちがいたけれど、
大切なのは知識そのものが
役に立つかどうかではなくて、
自分が積極的に役立たせられるかだ。

社会人になっても、学生時代に学んだ知識を
役立たせられないようでは恥ずかしい。
あなたが学んだことは必ず役立つ。

life 39

欠点を見つけるよりも、欠点に目をつぶるほうが何倍も難しい。

しかし、この力は
幸せに生きるために
もっとも必要な能力の１つだ。

life 40 ────────────────

過去のことは過去においてきてしまおう。

変えることのできない過去を
引きずって生きるのは、
何の役にも立たない重い荷物を
引きずって旅をするのと同じくらい愚かだ。

旅と同じように、身軽に生きよう。
必要なものは必要になったときにまた手に入れればいい。
捨てて困る過去などないのだ。

life 41 ────────────────

夢を持つのはいいことだ。
ただしその過程で
自己否定をしないことが大切だ。

自己否定とくっついた瞬間に、
夢はただのないものねだりになってしまう。

life 42

絶対に失敗しない
方法はないが、
絶対に後悔しない方法ならある。
納得できないことは丁寧に断り、
やったほうがいいと直感したことは
今すぐに着手する勇気を持つことだ。
さもなければ、
あなたは人生の最期に
逃した可能性に
苦しめられることになるだろう。
そんな人生をあなたは望むだろうか？

life 43

人生で近道を行こうとすると
かえって遠回りになることがある。
一見大変そうに見える坂道でも登りきってしまえば、
後は重力に任せて猛スピードで進むことができる。

**大切なのは、
今楽になることではなく、
今苦労することで
将来的に楽になる道を
選ぶことだ。**

life 44

悔いのない人生を求めるなら、むやみに成果を求めるよりも、ひとつひとつの行動に納得感を求めるようにしてみよう。

自分の中に納得感という基準を持てば、
他人に流されることなく、
あなたはあなた自身の人生を生きることができるようになる。
最初は不安かもしれないが、結果は納得の後についてくる。

life 45

何をすべきか迷ったら、一番難しいことに手をつけてみよう。
あなたの人生に大きな影響を与えるのは、
簡単で手近なことではなく、骨の折れる難しいことのはずだ。
多くの人が後回しにする難しいことと早めに向き合うことで、
あなたは大きく抜きん出た存在になれる。

向き合おう、人生を変えたいのなら。

life 46

何をすべきかではなく、何をしたいかで人生を考えよう。

必死に仕事を頑張るのはいいことかもしれない。
しかし、自分が人生をかけて
やりたいことを決めずに必死に頑張るのは、
行き先も決めずにがむしゃらに進んでいくのと
同じくらい愚かなことだ。
だから今日はあなたのしたいことは何かを考えてみよう。

life 47

自分の過去の選択を人のせいにするのはやめよう。

会社も人間関係もすべてはあなたが選んだことだ。

学歴がないからいい会社に入れなかったというのも
単に勉強するという選択をしなかっただけなのだ。
それは自分の責任だ。
あなたにその気があるなら今からでも遅くない。
自分の望むものを選択しよう。

life 48 ───────────────────────

人は他人にレッテルを貼られると、
それに無理をしてまで応えようとしてしまう。

もしあなたが誰かにレッテルを貼られたら、その都度それを否定してはがしておこう。

それがありのままに生きるためのコツだ。

life 49 ───────────────────────

目的のために手段を選ばないのは、必ずしも悪いことではないと思う。

むしろ、手段を選びすぎるほうが問題だ。
本当に達成したい夢があるなら、
選り好みしている余裕はないはずだ。

life 50

成功しないのは
自分の境遇が恵まれていないからではなく、
境遇を言い訳にしているからだ。

大切なのは自分の境遇に不平不満を言うことではなく、
その境遇をいかに利用するかを考えることだ。

life 51

人は自分の権利を自分自身で
勝ちとったときに大人になる。

自分で何も勝ちとらずに、
社会や会社など他人に保証された権利に
しがみついているようでは、
親に与えられたものにしがみついている
子どもと大差ない。

life 52

自分に素直になろう。
ひとりが楽だからと
言いながらも、
本当はひとりで
生きたいのではなく、
拒絶されたり傷つくのが怖くて、
怯えてひとりでいるだけなのだ。
そういう意味では、
ひとりで生きていくという選択は
とても弱い選択なのかもしれない。

life 53

自分にとっての真理を見つけよう。
万有引力の法則のように、
真理は信じようと信じまいと
常にそこにあるものだ。

評価されなければ存在しないものや、
時代によって変わってしまうものは真理ではない。
そういうものを信じると自分が揺らいでしまう。
自分が信じているものが真理かどうか一度考えてみよう。

life 54

何でも疑う人というのは、慎重なわけではなくて、
未来の可能性に挑戦するのが怖いだけ。

信じる勇気がある人だけが、
未来に可能性を見出せる。

life 55

姑息な手を使えば使うほど、
自分も騙されるのではないかと臆病になっていく。
歳をとってどんどん臆病になる人がいるのはこのためだ。
堂々と生きてきた人は、
歳を重ねるほど知識と自信がつくので大胆になる。

大切なのは自分に恥じない、自信を持った生き方をすることだ。

life 56

目に見えるものはあっという間に消えるが、目に見えないものはずっと消えない。

知識がまさにそうだ。
身につけるのは大変だが、一度身につけてしまえば、
知識は絶対にあなたを裏切らない最高の友になる。

life 57

あなたの人生の価値は、あなたがどれだけ努力したかで決まる。

人生の価値は客観的にはかれるものではないが、
主観的には思い入れが深いものの価値が高くなるのと同じように、
努力することで高めることができる。
人生の価値を高めることができるのは
資産や他人からの評価ではなく、あなたの努力だけなのだ。

life 58

才能とは習得するものだ。
神様が与えてくれる
ものではない。

実際に才能にあふれた天才たちは
皆ありえないほどの努力をしている。
彼らはその努力によって才能を習得したのだ。
自分には才能がないと嘆いている人は、
自分が何かを習得するための努力をしなかったことを
神様のせいにしているにすぎない。

life 59

過去に対する不安や悲しみがかすむくらい、
今の自分を輝かせよう。
過去を後悔しても何も変わらない。
過去の過ちをとり戻したいなら、
過去よりも現在と未来に目を向けるしかないのだ。
だからひたすら、振り返らずに前に進もう。

過去の過ちをとり戻せるのは、今現在のあなただけなのだから。

life 60

どんな苦しい状況も言い訳にはならない。自分は病気だからと可能性を狭める人もいれば、それを受け入れて可能性を広げ、成功を手に入れた人もいる。

画家のフィル・ハンセンがそうだ。
病による手の震えを利用して、画家として成功した。
立ち止まるか前に進むかを決めるのはあなた次第だ。

life 61

未来にいかせなかったときだけ、過去の失敗は失敗になる。

あなたの過去がどんなものであれ、
それが失敗になるかどうかは
これからのあなたの行動で決まる。

life 62

チャンスは貯めておくことができない。
チャンスは貯めることができず、
つかむことができるのもほんの一瞬だけだ。
必要なのは
チャンスを見極める目というよりも、
一瞬でそれをつかむ
勇気を持てるかどうかだ。

**大きく人生を変えた人の
共通点は
チャンスをつかむ
手の速さである。**

life 63

自分の強みを発揮して貢献すれば、相手もあなたも幸せになれる。

自分の強みがわからず、相手の要求に従うだけでは、
あなたは幸せになれないから、
一時的に相手が喜んだとしてもそれを長く続けることは難しい。
長期的に誰かを幸せにしたいなら、
無理せず自分の強みで貢献することを考えよう。

life 64

わがままに生きるのが
良くないというのは、
自分の望むことを
他人に強制して、
他人の権利を奪うことが
良くないということであって、
あなたの人生を思い通りに
生きてはいけないという
ことではない。

自分を犠牲にして他人に合わせて生きるのはやめよう。
あなたはあなたのために生きるべきだ。

life 65

そんなに世の中甘くはないというのは、自分への甘えだ。
自分が辛い立場にあるのは、
自分のせいではなく自分の周囲のせいだと思っているわけだ。

自分を磨いて努力して、自分の世界を大いに甘くすればいいのだ。楽しく生きるというのはそういうことだ。

life 66

未来がわからない、先の見通しが立たないときこそ前に進もう。
自転車と同じで、
前に進んでいなければ人は簡単に倒れてしまう。

あなたが不安を感じ倒れそうになるのは、立ち止まっているからかもしれない。

life 67

やりたいことがない、望みがないのではない。失敗が怖くて何もやろうとしていない、絶望するのが怖くて何も望んでいないだけだ。

前を見て一歩進めば気づく。
ほしいものはあなたが思っているよりも
近くにあるということを。

life 68

僕たちは、怖いからこそ前に進むしかない。
立ち止まっていても恐怖は消えない。
行動しなければいつか恐怖に押しつぶされて、
無力さを受け入れることになってしまう。
そうなれば抜け出すのは至難の業だ。
だから恐怖に押しつぶされないように、前に進もう。

大丈夫、怖いのはあなただけではないのだから。

life 69

不安の先に希望がある。
将来性がある人というのは、
常に新しいことに目を向けている。
それが本当に新たな挑戦ならば、
そこには未知に対する不安があるはずだ。

**あなたが何かに
挑戦しようとしていて、
不安を感じているなら、
きっとそれは
あなたが希望の方向を
向いているからだ。**

life 70

自分に合った環境を見つけた人は、それを探したのではなく自分でつくった人だ。

結局他人から与えられるものに期待する人生は、
最終的には与えられるものが、
与えるものにコントロールされ支配されるようになる。
大切なのは自分の頭で考えて、
自分で理想的な環境を手に入れることだ。

life 71

成功を求め続けても人生に満足することはできない。
成功したらさらに上を目指したくなるからだ。
大切なのは今この瞬間を楽しみ、
人生のあらゆる瞬間に満足を感じて生きることだ。
つまり、成功とはあらゆる瞬間を楽しみ、
満足できるような心理状態なのだと思う。

満足しているなら
あなたはもう成功者だ。

あとがきにかえて

　2016年8月18日に「ぬこ様」の先輩猫の「マロ」が15歳で息を引きとりました。

　高校生のとき、実家の玄関前に現れたマロ。1月13日のことでした。野良猫だった彼女は、かわいくて、かしこくて、あっという間に家族の一員になりました。女の子なので気まぐれではありましたがそこがまた愛らしく、弟ととり合うようにかわいがっていたのを昨日のことのように思い出します。

　いろいろ買ってあげたものの、おもちゃは怖いようで、輪ゴムとひもが大好き。当時受験生だった私を癒やしてくれました。おっちょこちょいなところもあり、庭でスズメを捕まえようと飛び出して、飛び上がったスズメにびっくりして逆に引っ込んでしまったり、木登りをしたら勢い余って高いところまで登りすぎてしまい、自分で下りることができなくなり、にゃーお……にゃーお……と申し訳なさそうな声で助けを求めたりとか。私の10代はマロとの思い出でいっぱいです。実はテレビデビューもしていてドキュメンタリー番

組にも一緒に出たこともありました。

　もともと野良ということもあり、半外猫だったためどこからか病気をもらってしまい、晩年はてんかんにかかってしまいました。てんかんの悪化により歩けなくなったとき、なぜ外猫のままにしておいたのだろう、外猫は病気になりやすいのにと自分の無知さを悔いました。

　そして、ちょうどこの本の執筆をしている時期、テレビ収録の直前に弟から、マロが危篤だという知らせを受けました。正直言って番組にはまったく身が入らず、早く終わってほしいとだけ思い続けていました。収録が終わって急いでマロのところへ向かうと、なんとか持ち直して私を待っていました。数時間、彼女と一緒に過ごし、呼吸も安定してきていたので、「また明日くるね」と実家を出ました。しかし、その10分後に、マロの容体が急変し静かに息を引きとってしまいました……。なぜあと10分一緒にいてあげなかったのだろうと自分を責めました。

　猫は不思議な生き物で、家族が帰ってくるまで踏ん張り、みんなが揃うと安心して息を

引きとったり、心配をかけないように家族が見ている間は頑張り、ちょっと目をそらしたすきに亡くなってしまったりするそうです。マロはきっと私のことを待っていてくれたんだね。そして、今までのように私を送り出して安心して天国に行ったのかな……。

　一生懸命に呼吸するマロを見ていて感じたことは、助けてあげられない悔しさ。どんなに有名になっても、どんなにお金を稼いでも、どんなに知識を手に入れても、命だけは、命だけはどうにもならない。

　自分はなんて無力なのだろう。

　マロは今、目の前で一生懸命、命を燃やして頑張っている。自分はマロに恥じない毎日を過ごしてきただろうか。マロが今、生きる1秒1秒、ひと呼吸ひと呼吸のように、必死に生きてきたか。そう考えると、自分のことが恥ずかしくなりました。

　母を亡くしたときに学んだはずなのに、祖母を亡くしたときに学んだはずなのに、後悔しない生き方とは、大切に思う存在を後悔し

ないくらい全力で大切にすることだって。な ぜもっと早く会いに行かなかったんだろう、 なぜもっと頻繁に顔を出し、「かわいいねマ ロ、愛してるよマロ、マロと会えて良かっ た」と伝えて、なでてあげなかったのだろう と。マロを含め、動物たちは言葉を使えませ んが、その命で私たちに大切なことを教えて くれます。

　大事な存在に今すぐ、ありがとう、愛して いると伝えよう。大事な存在が遠くへ行って しまう前に。

　胸に刻み込もう。大好きな彼らが生きられ なかった今日を、必死に呼吸をしてどうして も生きたかった今日を、僕らは生きてるとい うことを。

　彼らの分まで幸せに生き、いつかまた大好 きな彼らに会ったときに、自分はみんなの分 まで幸せに生きたと胸を張って言えるように。

　あなたにとって、この本がその手助けとな ることを祈っています。

メンタリスト DaiGo

メンタリスト DaiGo

ジェネシスヘルスケア株式会社顧問、新潟リハビリテーション大学特任教授。慶應義塾大学理工学部物理情報工学科卒業。英国発祥のメンタリズムを日本のメディアに初めて紹介し、日本唯一のメンタリストとして数百のテレビ番組に出演。現在は企業のビジネスアドバイザーや作家、講演家として活動。また、ビジネスや話術から、恋愛、子育てまで幅広いジャンルで人間心理をテーマにした著書は累計130万部のベストセラーに。主な著書に『メンタリストDaiGoの心を強くする300の言葉』(小社刊)、『自分を操る超集中力』(かんき出版)、『一瞬でYESを引き出す 心理戦略。』(ダイヤモンド社)などがある。

スタッフ

デザイン	森田直、積田野麦（フロッグキングスタジオ）
撮影	巣山サトル
校正	玄冬書林
編集	中島元子（セブン&アイ出版）

『メンタリストDaiGoの幸せをつかむ言葉』

2016年9月23日　第1刷発行

著者	メンタリスト DaiGo ©Mentalist DaiGo 2016
発行者	沢田 浩
発行所	株式会社セブン&アイ出版 〒102-0083 東京都千代田区麹町5-7-2 5F http://www.7andi-pub.co.jp/ 電話　03-6238-2884（編集）　03-6238-2886（販売）
DTP	オノ・エーワン
印刷・製本	凸版印刷株式会社

落丁本・乱丁本は購入書店名を明記のうえ、小社販売部あてにお送りください。送料小社負担にてお取り替えいたします。但し、古書店で購入されたものについてはお取り替えできません。なお、この本の内容についてのお問い合わせは、上記編集部あてにお願いいたします。本書の無断複写（コピー）は、著作権法上での例外を除き、禁じられています。定価はカバーに表示してあります。

Printed in Japan
ISBN 978-4-86008-705-0